WHY SUMII

APEX

SUMEET KUMAR

Made with ♥ on the Notion Press Platform
www.notionpress.com

Sumeet kumar

Sumeet Kumar , A adult who experinences many phases of love in his life , get broked many times , stands up everytime and keep moving to the next phases of life. In reality he is a writer as well as singer (as a hobby). Very exciting and interesting fact about him is that he is author of new era i.e. he starts his journey of writing at the age when he was going to school to get the study. His some famous works i.e. Maturity Of Love (Genre :- Stages Of Love) , Privacy For Dream (Genre : - Middle Class Family Life Style), Army Squad Of Love (Genre :- The Seperation Of Army Love), 5 Days Of Love (Genre : - Affection and Love) , The Endearment Of Love (Genre :- Historical Era of Love) , Social Destruction Indo Pak (Genre :- The Story Of The Love At The Time of Division of India and Pakistan) , Middle Class Soul (Genre :- The Dreams of Middle Class) and Many More are available on the Official Sites of Amazon, Flipkart, NotionPress and Google.You can buy the books from there.

Contents

Foreword — vii

Preface — ix

Acknowledgements — xi

1. Why Everybody Backstab — 1

2. Body For Money — 4

3. Lime Lite Dreams — 6

4. The Railway Philosophy — 8

5. Hold Me Because I Just Wanna To Fly — 9

6. Teh Story Of Bihar — 11

7. Phool Kumari Ki Shaddi — 13

8. Alfaaz — 15

9. The Day Without Regret — 16

10. Suffer With Life Illusion — 19

The Poetry Lines — 21

Foreword

Sumeet kumar

Sumeet Kumar , A adult who experinences many phases of love in his life , get broked many times , stands up everytime and keep moving to the next phases of life. In reality he is a writer as well as singer (as a hobby). Very exciting and interesting fact about him is that he is author of new era i.e. he starts his journey of writing at the age when he was going to school to get the study. His some famous works i.e. Maturity Of Love (Genre :- Stages Of Love) , Privacy For Dream (Genre : - Middle Class Family Life Style), Army Squad Of Love (Genre :- The Seperation Of Army Love), 5 Days Of Love (Genre : - Affection and Love) , The Endearment Of Love (Genre :- Historical Era of Love) , Social Destruction Indo Pak (Genre :- The Story Of The Love At The Time of Division of India and Pakistan) , Middle Class Soul (Genre :- The Dreams of Middle Class) and Many More are available on the Official Sites of Amazon, Flipkart, NotionPress and Google.You can buy the books from there.

Preface

Zindagi ek jua hai jishe khelne mein tabhi anand aata hai jab samne vala khiladi apne asool ka pakka ho per agar uski fidra thodi shi bhi alag hai aur kacchi hai toh sayad uski soch bhi ushi tarah ki bann jati ,meri ish kahani kiredaar bhale hee chhote hai per jo soch maine likhi hai vo bhi kishi zindagi seh prena lekar sayad uski shiddat itni mehngi hai ki jishe na toh mein kabhi kahrid sakta hun aur na hee kabhi ushe khud seh alag karne ki riwayat ko aage badha sakta hun .

Acknowledgements

Sumeet kumar

Sumeet Kumar , A adult who experinences many phases of love in his life , get broked many times , stands up everytime and keep moving to the next phases of life. In reality he is a writer as well as singer (as a hobby). Very exciting and interesting fact about him is that he is author of new era i.e. he starts his journey of writing at the age when he was going to school to get the study. His some famous works i.e. Maturity Of Love (Genre :- Stages Of Love) , Privacy For Dream (Genre : - Middle Class Family Life Style), Army Squad Of Love (Genre :- The Seperation Of Army Love), 5 Days Of Love (Genre : - Affection and Love) , The Endearment Of Love (Genre :- Historical Era of Love) , Social Destruction Indo Pak (Genre :- The Story Of The Love At The Time of Division of India and Pakistan) , Middle Class Soul (Genre :- The Dreams of Middle Class) and Many More are available on the Official Sites of Amazon, Flipkart, NotionPress and Google.You can buy the books from there.

CHAPTER ONE

WHY EVERYBODY BACKSTAB

Aaj na to kishi ki kahani zindagi seh suru hone vali aur na hee ushper khatm kyunki aaj na toh kuch jahir karne ki sifarish hai aur na hee kuch kehne ki bash kuch irade hai jo meri zindagi seh jude hai jo likhna cahta hun kehna cahta ,aur jahir toh be -shumaar karna cahta hun ,in kuch mahino mein meri zindagi kuch ish kadar badla hai ki cahat na hote hue bhi mein un logo ke kareeb ja chuka hun jinse durr rehne ki kasme kahyi thi maine ek waqt par ,aish lagta hai ki khud ko marr kar bash aage badh raha hun kyunki jo zindagi maine ji sayad aab vo mere khud ke kabi nahi hai ,pyra ,dosti , parivaar ye hisse hai mere ,mein bhi kahi na kahi inme shammil hun ,per kabhi aisha nahi laga ki vo mere sach mein apne hai ,lagta hai unki taqdeere mein kahi kho chuka hun ,ghumsuda ho chuka khud seh ,khud ki hee baahon mein ,aab kareeb jane ka mann nahi karta ,kyunki janta hun jo mere apne thhe vo kabhi mere apne hai hee nahi ,ye zindagi mere liye ek pahlei bante ja rahi jaha manjil toh kareeb per uske raste bhool bhulaiya jaishe hai ,sab ke cehre ek hai ,per meri umeed un sab seh alag ,jisse maine mohabatt ki mein nahi janta ki maine sach mein ki hai bhi ye sirf ek irada lekar aaya tha unhe apna banane ke liye ,kuch hisse toh ish kadar gayab hai meri har tanhaiye ke ahosh mein ki khud seh unhe kabhi waqif nahi kar sakta ,har din ki ek nayi ladai hai sochta toh ki aage badh jayun ,khud ki ek nayi duniya banayun per kabhi kya ye da kabool ho payegi ki ye ishi tarah mein bhi kahi unmein ghumsuda najar aayunga ,meri har ek kahani aab mujseh hee kayi saval kar rahi hai ,din ke savere seh lekar raat ke andhre tak vo mujhe kuch puch rahi hai kya ye zindagi sach mein mer apni hai yeh beigairat kishi seh udhar ki riwayat li hai ,kehte hai jab log badalte hai toh unki fidrat bhi badal jaati hai ,maine khud ko badal kar dekh liye per meri fidrat aab bhi vhi hai ,mujhe nahi pata ki mein galat hun yeh nahi kyunki maine jo vaade unse kiye thhe vo toh purre kar diye maine per jo vaade maine khud seh kiye hai ushe nibha nahi pa raha aur aish kyun raha hai mujhe nahi pata ,mein aisha kyun bann chuka ye bhi nahi keh sakta ,bash aab jo bhi sifarish hai khud seh hai ki kash laut jayun aur badal lun khud ko ,mein kamjoor nahi hun itna toh janta hun kyunki agar kamjoor hota , toh sayad ish duniya itne lambe waqt tak kabhi nahi ji pata, maine vo har deewar todd di hai jo meri nafs seh hokar guarti hai ,maine khud ka gala ghot diya hai ,marr diya hai khud ko kishi ek insaan ke liye yeh uski kaum ke liye,ye kahani kishi ishq seh nahi judi hai ye meri kahani hai ,meri eklauti pechaan jish na toh aab mita sakta hun aur na hee khud seh durr kar sakta hun ,din ki khasiyat nahi pata per aaj zaroori hai ki kuch raaj seh parde hatt hee jaye kyunki aab waqt nahi hai ki khud ko rauk sakun ,khud ko mehfooz kar sakun ,ye toh zindagi kuch lekar jayegi aaj ,yeh kuch dekar ,per jo bhi ho meri zindagi badle mein ye cahta hun ,meri ye tamana hai ki kash ek baar hee sahi per meri fidrat sirf meri ho ,mere liye loyal rahe kishi aur ke liye nahi .

bachpan ki yaadeion bhi kuch khaas nahi hai kyunki zindagi ush waqt bhi ushi mauhal aur mehfil seh judi thi jiski fidra mujhe aaj bhi aandar seh pareshaan karti hai ,maine zindagi seh kuch sikha nahi hai ,kuch naayab bhi nahi kya hai bash jo lamhe maine ateet mein dekhe hai vhi lamhe mere liye mere bhavishya ki har ek fidrat ko aaj mere bhootkaal ki pechaan bana rahe hai ,ek aishe bhootkal ki pechaan bana rahe hai jishe mein dekhna nahi cahta , ham aksar ushi cheez ki sifarish kyun karte hai jo hamare hisse mein hamari kabhi apni savit ho hee nahi sakti ,kyun sravan jaisha dusra insaan paida nahi hua ish duniya mein ? kyun radha aur krishna ki mohabatt phir seh dohrayi nahi gayi , kyun ram aur sita dusre nahi bane ? kyun ish duniya ki riwayat aab bhi vhi hai ?

Mein kyun khud ko akela mann raha hun jab vo mailk hai mere pass ,khud ke adhure sapne ,khud ki adhuri yaadeion aur ek aisha safar jishe na dekhne ki cahat ,aajkal toh khud per hasi aati hai ki itna badal chuka hun ki ush aayne mein khud ki sakal seh nafrat ho gayi hai ,ye mere alfaaz nahi hqai mujhe lekar mein janta hun ,ye samaj ki vo havaniyat hai jiski sifarish aab jhuthi lagti hai ,koi apna nahi lagta ,matlabi toh ye duniya pehle bhi thi ye janta per unhe mehfooz mann kar khud ko galat savit karta hun sayad mein khud hee ek galat insaan hun , ye duniya jitni bahar seh narm aur masoom dikhti hai utni hai nahi ,iski har ek chaal ek jehar hai jishe peene ke baad zindagi savarti nahi bigar jaati hai , mere halat bigar chuke hai ye janta hun ye jo mein sochta vo kabhi kar nahi paata aur agar kabil bhi hun uske toh sayad vo meri kismat nahi bante , kash ye duniya ek sapne ki tarah hoti jo raat ki fidrat mein shammil hoti per savera hote hee iske noor ki har ek jhalak gayab ho jati .

Agar mujhe kuch logo seh nafrat hai toh mein kyun hun unke aashyiane mein ? durr kyun nahi chala jaata ,aur kyun unki yaadeion aati hai jab vo mere apne hai hee nahi ? dikhave ki cahat kuch ish kadar badh gayi hai ki unhe na toh khud seh durr kar sakta hun aur na hee khud ke kareeb la sakta hun , ek tarfa barbaadi nahi hai ye janta hun mere hisse mein ,do tarfa hai aur ye dono mere hisse mein hee hai ,kya iske liye vo khud jimmedaar hai ,yeh samaj ,yeh uske kuch log ? kaun hai jimmedaar ? yeh mein khud hun saval itne saare hai ki javab dhundne agar niklun bhi toh purri sham gujar jayegi aur raat sirf ek andere ki parchai dikhyagi .

Ganno ki album ki tarah zindagi ho gayi jaha kabhi khushi toh kabhi gam vali tune sunai deti hai ,aur mujhe ye bhi nahi pata ki mein isse kaishe deal karu ,ek taraf mere futute vali ringtone hai toh dusri taraf meri yaadeion ki aur inmein kuch log bhi shammil hai jishe meri aatma toh bhulana cahati per dil nikaamma hai kyunki iski fidrat har raat ki badalti najar aati hai,aur ishe contro karne vli ghanti kidhar hai mujhe nahi pata ,aur pata hongi bhi kaishi kyunki ye zindagi hee ke udhar hai , udhar seh yaad aaya ki aajkal kuch yaadeion bhi hai jo meri apni nahi hai ,aur sayad kabhi apni hokar bhi apni na ho, katne ko daurte hai aajkal kuch rishte ,unki sakal na bhi dekhna cahu toh din mein char baar dikh hee jati , kya vo meri majbooriyan hai ,ye mere aishe halat hai jo mere jehan mein kaid hai jinhe mein khud seh azad karna cahta hun per kaiseh karu ye bhi nahi janta ...

CHAPTER TWO

BODY FOR MONEY

Safar itna lamba hai ki kahi thak na jayun jo likhna cahta hun kahi uski ahosh mein rukk na jayun , life ek comedy tab banti hai jab aap kishi cheez ke kabil ho per vo apke kabil hote hue bhi apke pass nahi hoti ,matlab kya chal raha hai zindagi mein yaar kuch kabhi samaj hee nahi aata , jo log apke sath khush hai zaroori toh nahi ki apke hai ,matlab ki ish duniya mein kaun kiska hai bhai sab paisho ki chankar hai,maine iske pehle kya bola tha ki meri zindagi ek gaano ki album hai ,aur usme jo sabse favourite vali jo meri line hai vo ye hai ki " PAISHA PHEK TAMASHA DEKH" ha meri zindagi toh bilkul aesi hee hai kyunki mujhe jitne bhi log mile hai vo aishe hee nikle hai , din seh lekar raat tak sirf paiseh ki baat hoti hai kabhi-kabhi toh aisha lagta hai ki mein khud ek dalal hun kyunki har roj vhi toh kar raha hun ,tol maul kar apni cheeze jo sabko vaat raha hun .

kuch gyan ki baateion jo ek talim ki tarah sab mein baatna cahta hun jo meri tarah hai ,agar apni zindagi ki har ek kahani ko aage badhan hai na toh dusre seh milna chhod do ,dusre ki baateion per gaur karna chhod dun ,duniya tumhe kamjoor samjhati hai ye bhi sahi per tum kabhi khud ko galat aur kamjoor matt samjho kyunki zindagi tumhe jeene ka dubara mauka nahi dene vali aur agar galti seh de bhi de toh kya ye zaroori hai ki tumhare halat pehle seh sudhar jaye ,ye bhi toh ho sakta ki tumhare halat aur bhi khrab ho jaye aur agar sahi ho gaye tab ji lena apni zindagi ,ek aishi parchai jaha khatre ki ghanti tumhare rishte hee bann kar aayege jaishe ki koi bank balance ki less validity ho ....

khair ab apne hisse seh vo raaz batan cahta hun jo mere apne bhi hai aur paraye bhi ,kyunki jo rishte maine banaye hai yeh ush uparvale ne mere liye yeh jo meri kismat bann kar aaye hai vo mere apne bhi aur paraye bhi hai ,kya batayun ek lambi kahani hai jisme raste kathin hai aur manjil bilkul ek mirage ki tarah hai ,ek aishi mirage jo sapne toh dikhati hai per kabhi sathg nahi deti ushe purra karne ke liye .

LIME LITE DREAMS

"KI KHWAAB
TOH
KAYI DEKHE
HAI
PER USHE
PURRA
KARNE
KA
MANN
NA KARE
JO ZINDAGI JI
RAHA
HUN
AAJKAL
USKI FIKR
MEIN
DIL NA LAGE
AUR SOCH TOH RAHA
HUN
KI INHE
KHUD SEH
DURR
KAR DUN
PER KAMWAQT
UNHE
DURR KARNE
KE LIYE

BHI
OUT
OF
STOCK
VALA
BILL
LAGE ......

"

THE RAILWAY PHILOSOPHY

"

EK RAIL
KI GADI HAI
TOH
DUSRI
MERI
KHUD KI
SAVARI
HAI
AUR
HAR
ROJ JISH
RASTE SEH
MEIN HOKAR
GUJARTA
HUN
VO
MERI
KHUD KI HEE
EK
KAHANI HAI."

HOLD ME BECAUSE I JUST WANNA TO FLY

Aaj phir ek nayi suruyaat ushi raste seh karne ja raha jiski manjil mere liye maut seh kam nahi thi ,sambhalne ki kafi koshish ki ish ruhh ne par lagta hai zindagi ko iski shiddat kuch khas kabool nahi hai ,cahta hun ki ish safar durr hokar ek naye safar ki riwayat karu per tauheen ki baat toh ye ki mere jehan mein ushe lekar aaj tak koi khairat saff hee nahi dikhi ,sayad zindagi bhi mujseh yehi cahti hai ki mein khud ko ish kadar kar lun ki mein ek din khud seh durr

hone ki tamana karne lagu ,ye zindagi perfect nahi lagti mujhe kitna bhi bhaag lun khud seh phir bhi kahi na kahi takra hee jata hun ,sochta hun ki baar toh

sahi per apni har ek chhahat ko khud seh purra karne ki koshish karu par aab nahi hota aur kyun nahi hote mein ye bhi nahi janta ,sayad aab mujhe har ush

din ki aadat ho gayi jo mujhe khud mein hee kamjoor savit karti hai roj ,meri kahani bakiyo seh alag nahi hai per mere alfaaz bakiyo seh alag zaroor hai ,maine kabhi apni zindagi ye nahi socha tha ki mein karunga ,bash jish kadar mere haalat badalte gaye meri fidrat bhi ushi tarah seh badalne lagi ,mere gusse ki wajah mein khud nahi hun ? un logo ko kaishe batayun jo mujseh ishi ki wajah seh durr ja rahe hai , mein nahi cahta ki mein khud ko badlun per

agar nahi badla toh sayad kuch loog mujhe badal denge ,irada toh kar liya ki aab durr jana hai har kishi seh ,jo mere sath hai yeh nahi hai koi matlab nahi haiish baat jo bhi mein keh raha hun kyunki mere eklaute jaane ki wajah seh na toh unki zindagi badalne vali hai aur na hee meri ,par ha ish baat ki riwayat mujhe sukoon zaroor degi ki vo mere bina bhi khush rahge apni mehfil aur sayad kuch zyada hee rahege ?

kcuh yaadeion bachpan ki hai jo kuch khass nahi par unke baare mein jab bhi sochta hun toh aisha lgta hai ki ek sukoon thi unki yaadeion mein ush ateet

mein jaha khud seh durr jaane ki yeh bhagne ki riwayat nahi thi ,school vali life seh lekar ghar vali life bilkul normal thi , bachpan mein hamesha ye sochta

tha ki bada kab honga ,aur jab bada ho gaya hun toh aisha lagta hai ki kya yaar ? kyun bada hona tha ?

ush waqt ki zindagi ek dynamite ki tarah vo bhi khushiyon ki per aaj ki zindagi bilkul ek circle hai vo bhi gamo ki ,nikalna caho bhi toh sayad nikal nahi

payoge kyunki ish kadar ki iski har ek kahani hai.

waiseh mein apne circle mein ye bhul hee gaya ki meri bhi ek kahani hai jo mere sehar seh hokar mere mohalle seh hokar gujarti hai aur ush mohalle ka

naam ?batayo kya hona cahiye ?

khair mujhe ye pata ki aap sab ko ye pata nahi ki mein kish mohalle ka hun ?koi na ek insaan seh hee galti hoti hai aur mein vo ushi galti ki baat kar raha

hun ?matlab nahi samjhe vhi toh mein bhi apni zindagi ko behad kareeb seh samjhane ki koshish kar raha hun per aajtak nahi samjah paaya ki akhir hua kya

hai ?ye zindagi hai kya ?

khair ish zindagi ki suruyaat matlab meri suruyaat BIHAR seh hui hai ,matlab mein GAYA ka rehne vala hun ,matlab jagah ke naam mein hee GAYA hai uski zindagi mein koi kaishe aa sakta hai ,sochne ki hee baat hai ? aur mere naam ki pechaan bhi kuch ishi tarah ki hai SOCHAN RAM SING .

Toh chalo aap sab ko apne baare mein batata hun agar waqt ki numaaish lambi hai toh kyunki mein bhi vella hee jab seh paida hua aishi baat nahi ki mein gadah hun padhne mein ,marks toh aache aa gaye thhe 10th standard mein par jab 12th standard mein gaya toh ush waqt bhi acche aa jate agar maine vo nahi karta ?

CHAPTER SIX

TEH STORY OF BIHAR

BIHAR

GAYA JAUNPUR.....

Waiseh cast ki kahani yeha badi nirali hai jaha loog itne aage badh gaye hai apni zindagi vo bhi ek acchi soch ko lekar kuch logg aab bhi hai jo vhi aatke hai ek aishi soch ko lekar jo bilkul zaroori nahi ish samaj ke liye aur na hee hamare aage aane vale bhavishya ke liye kyunki ham jante hai hame aage badhne ke liye kishi ki soch ki ek naye save ki zaroorat ha aur mehnat ki .

khair agar samaj ki baateion batane laga toh sayad meri kahani adhuri reh jayegi per mein ish khud seh alag bhi nahi kar sakta .

SUMIT TRIPATHI ,ye mere naam ki vo pechaan hai jiski badaulat mujhe GAYA mein har koi janta vo bhi meri wajah seh nahi mere bauji ki wajah seh matlab hamare father ki wajah seh ,aab aap sab toh padhe likhe honge ishliye hamne socha ki thodi angrezi toh chalti hee hai ishliye istamaal kar liya ,hamare bauji vo insaan hai jo apni mehnat ko hee apni shiddat mante hai vo hamesha yehi kehte hai ki "Betwa mehnat na karvo toh ghar mein roti kaishe khayevo " vo hamesha ye kehte toh hai par unki baateion aaj tak kuch samjah mein nahi aayi ,waishe loog tohye maghai bolte he ehai per uske sath aur bhi bahut kuch bolte hai aur karte bhi hai ,aab unke baare mein ham kya hee bataye jo log karte bhi hai aur bolte bhi hai . yeha ke mohalle mein jitne padhe likhe hai utna toh hum ko lagta hai ki koi na padha likha ,dekhiye baki log bura matt maniyega kyunki kuch baat hee aishi hai ,yeha har saal lakhon engineers pass hote hai aur degree lekar bash ghumte rehte hai kuch loog unhe nikhata kehte hai toh kuch logg unhe berojgar ,per vo kare bhi toh ka kare aap hee batayie ,ek hamri sarkaar hai jo unhe naukri nahi deti aur ek unke gharvale hai jo nhe har waqt paisha kamane ko bolte hai , yeha ki zindagi bahut alag dusre sehar ki zindagi dekhi jaye toh ,haalat sab jagah aishe ho ye bhi toh zaroori nahi .

Mein bhi inhi ke beech mein pala bhara hun aur hamari kismat bhi kuch inhi ki jaishi hai ,zindagi mein hara tarah ka anand uthya hai hamne per kabhi berojgari ka anand nahi uthya per lagta hai aab vo bhi uthana hee partega kuch dino kyunki hamne kuch din pehle hee pana gradution complete kiya hai vo bhi MAGADH UNIVERSITY seh , per sapna kabhi ye tha hee nahi ki ham graduation kare vo toh hamre bauji ne hame itna pressure diya ki hame na cahh kar bhi vo karna para jo ham nahi karna cahte thhe ,sayad zindagi ki yehi ritt hai kyunki harr ke baad hee jeet hai ,ye gaane bhi aajkal gajab ki maya pal dete hai aur hame yeh lagta hai ki ye hamari zindagi seh behad relate kar rahe hai ,aisha kabhi matt sochiye ki ye hamse relate karte hai .

Pyar vyaar ka koi khissa hai nahi jo apke bataye per ha ek ladki seh ham pyar karte hai thhe aur itna karte thhe ki uske liye apne purre tola seh ladd liye uske baad kya tha ? bauji ki ye baat pata chali uske baad jo belt seh unhone humko dhuna hai ,vo maar ham aaj tak nahi bhul paaye hai ha per pyaar zaroor bhul gaye ,naam bhi hamare adhure pyar ka kuch aisha hee tha ki ham kuch keh bhi nahi sakte hai uske baare mein ,bhale aish naam kaun rakhta hai yaar "PHOOL KUMARI ".

CHAPTER SEVEN

PHOOL KUMARI KI SHADDI

PHOOL KUMARI seh hamari mulaqat jab hui thi jab ham bacche nahi bade ho gaye thhe aur ek hee jagah sath padhte thhe matlaab aajkal ki love story ye toh coaching seh hoti ye toh school aur akhir mein agar purri ho gayi toh mandap tak jayegi aur na hui toh kishi aur ke sath fix kar di jayegi ,phool kumari seh hame itna lagab tha ki uske liye ham purre tola seh ladd gaye ,phir uske baad hamare tola ne toh hunko peeta hee per jab ye baat hamre bauji ki pata chali toh unhone ne toh humko purri tarah seh kutt hee diya aur aishe kutte ki ham ghar chhod kar bhagne hee vale thhe ki hamne socha ki waishe bhi bahut thand hai agar kahi lagi gayi thand toh na ham ghar ke rahe na hee ghaat ke , ishliye malham laga kar santi seh jakar palang per so gaye phir bhi phool kumari ki yaadeion humko bada sat rahi thi, kyunki uski aankheion mein humne aajtak aasyun nahi dekha tha ,uske kuch din hee baad hee humko ye khabar aayi ki uski shaddi tay kar di,aur ushe tay karvane vale koi aur nahi hamre bauji hee thhe ,kyunki bauji aur SHUKLA dono langothia yaar jo thhe ,intezaar kijiye SHUKLA ji ke baare mein bhi aap sab ko bata thhe hai.

SHUKLA ji vo insaan hai jo ,agar hamare bauji soora hai toh vo chand hai ,ye din hai toh vo raat aishi jodi hai un dono per peshe mein garbar hai idhar hamare bauji vypaar karte hai vo bhi cement ka toh udhar vo dil tutte hue aashiqo ki premiko ka vypaar karte hai ,matlab aap sab kuch alag line mein inke profession ko mat lijiye , mere kehne ka saaf matlab ye hai ki ye shadiyan karvate hai ,aur hamari PHOOL KUMARI ki shaddi bhi inhone hee karva,jab hamne ye baat suni toh humko toh pehle behad krodh aaya yeh sunkar ,hamne toh socha ki ham kuch kar baithe ge ,per jab bauji ki marr yaad aayi toh hamne socha ki ham agar na hee kuch kare toh theek hai varna befaltu ka kahi phir seh na kuta jaye unse ,phir kya tha uski shaddi bhi ho gayi vo bhi hamare aankheion ke samne aur ham uski shaddi ka khana bhi kha liye vo bhi purri sabji aur paneer ki sabji bhi thi do kale jamun aur ek gore jamun bhi maujood thhe khane mein ,kuch bhi per khana bada accha banaya tha vo bhi hamari barbaad per .

In sab ke baad hamare tann ne toh hame pehle hee azadi de thi ,ush din ke baad hamare eklaute pyar ne bhi vhi azadi hame sudh ke vaps kardi aur ham sirf uski yaadeion ko lekar ush sehar ko chhdokar dusre sehar aa gaye .

ALFAAZ

"SAYAD LAUT
AAYUN
TERE HISSE MEIN PHIR
EK BAAR
PER ISH
BAAR IJJAJAT
KE
BADLE
HISSE MEIN
DUA MANGNA
KI KABUL
KAR LE
VO KHUDA
ISH BANDE
KO TERE
LIYE ......"

CHAPTER NINE

THE DAY WITHOUT REGRET

Bauji seh ham behad gussa thhe kyunki unhoe ne hamari phool kumari hamse alag hee nahi balki uski jagah unhone ushe hamse cheen liye vo bhi purri

zindagi bhar ke liye soche toh ki kuch kar baithege phir ma ka khayal aaya aur vha seh laut chal ek aishe safar jaha hamri farogh hamare intezaar mein baithi

thi ,dil nahi laga uske baad kahi bhi ,jagah -jagah bash ghumne ka dil karta tha ishliye bauji seh har waqt yeh demand karte thhe ki hunki ek bike lekar de

,per unko inmein bhi dikkat thi vo cahte thhe ki hame pehle naukri mill jaye tab jakar vo hamer ek hame do pahiya lekar denge , bahut soch mein zindagi chal rahi thi ,phool kumari ke chale jaane ke baad gam ke saye nahi thhe purre badal cha jaye thhe kuch din ke liye aisha lag raha tha ,per jehan ke aandar

aishi koi baat thi hee nahi ,roj khud ko samjha kar aage nikal toh jaate thhe per haqqeqta mein aage badh nahi paate thhe ishliye hamne socha ki aab apni

zindagi per dhyan denge aur kuch bada kare , aur hamne kiya gali seh mohalle tak roj paidal jakar psoter baater taki un paisho seh ham ek bike kharid sake

,per dil ye bhi khairat humko pareshaan kar rah thi ki agar Bauji ko ye baat chali ki TRIPATHI khaandaan ka ladka poster baatkar paishe kama raha hai toh vo

toh ham vhi jinda jala dete ,per aisha hone vala nahi thi kyunki mann janta tha ki vo bahar seh hamare liye kitne bhi kathor kyun na bann jaye per aandar

seh vo hamare bauji hee rahege ,humne kayi din tak poster baate per aandar seh khud ko kosh rahe thhe ki aisha ham kyun kar rahe hai ? aishi baat nahi thi

vo kaam chhota tha hamare liye ,kyunki mehnat kabhi chhoti kishi bhi cheez ko lekar per ham apne bauji seh juth kaishe bol sakte hai vo baateion hame bash aandar seh behad khal rahi thi ham samjah hee nahi raha ethhe ki akhir kare kya ?

In sab ke baad hamne kuch mahine aur poster baate aur jishe mohalle mein ham akhir baar poster baatne gaye thhe ush din hamare jaan pechaan ke kishi

rishtedaar ne hame dekh liye uske baad jo bawal hua ham kya hee bataye ?

Bauji ki ye baat jish din pata chali ushi din unhone hamare samne lakar hamari mann pasand bike rakh di ,aur kaha ki tujhe kishi cheez ki bhi zaroorat tu

mujhe bol abhi tera baap jinda hai aur tujhe maine sirf paddhne ke liye bheja tujhe kabhi khud seh alag nahi kiya aur tujhe bike dilana mere liye kaffi sadharan shi cheez hai ......

Bash vo yeh bolkar ssedhe chale gaye na toh unhone hamare haal pucha aur na hee kuch der ke liye hamare pass ruke ,dil janta tha ki bauji ko taqleef hui

par agar ham ush waqt unke baare mine sochte toh syaad hamari khushiyan thode waqt ke liye hamse durr ho jati ,baad mein pata chali ki jo khushi hame

mili vo bhi toh hamare bauji ne hee hame di hai .

Kuch din baad MA ne call kiya aur hamse yeh pucha ki kaisha hai ,aur ye khabar di ki kuch din pehle hee phool kumari ki pati ka nidhan ho gaya hai vo bhi

ek truck seh ,ye sunkar dil toh andar seh purra behal gaya ,matlab hamne kabhi ye nahi socha tha ki uske sath kuch aisha bhi honga per jab ma ne hame ye

bataya ki vo bhi kaffi tej aur pii kar apni gadi chala raha tha toh tab jakar hame purri baat samajh aayi ki bauji hame bike lekar kyun nahi dena cahte thhe

,ye baat bhi hame tabhi samjah aayi jab ma ne hame ye baate batayi ,darr gaye thhe ush din pehli baare y sochkar ki hamne jo bhi kiya hai vo galat tha ,ush

din ek aur baat hamare GAYA vale dost ne batayi ki tumhare bauji ne ye rishta kabhi toda vo toh uski kundi mein kuch dosh thhe ishliye tumhare bauji ne tumhe ussedurr rehne ko kaha aur tumhe pitta bhi ,ush din hamari aankheion mein aasyun nahi thhe per aisha mahasoosh ki bash kishi ko gale laga kar mann seh per hairani ki baat ye thi koi tha bhi hamare pass jishe pakad kar roye .

CHAPTER TEN

SUFFER WITH LIFE ILLUSION

Ush din ke baad hamne lautne ki koshish toh ki ush sehar mein per dil ne ye pehle hee mann liya tha ki aab kuch raha nahi vha ,bauji seh samne jakar ye bhi nahi keh sakte ki maff karna bauji galti ho hamse kyunki utni himmat bachi hee nahi ,jo baateion hamne hashi majak mein keh di ki uska pata kuch waqt mein chal bashega vo baat aab sach ho gayi thi ,khud ko ush din itna kosh rahe ki kya bataye ?

mann toh kar raha th ki khud ko bhi marr de kyunki ham bhi toh ek hatayre hee hai bhale hee hamneushe maar nahi hai per jo shaap hamne ushe diya kya vo galat nahi hai ,dimaag kaam nahi kar raha tha hamare bash cahte thhe ki kahi durr chale jaye ,phool kumari seh mill bhi nahi sakte kyunki hamare rishte hee kuch alag thhe ish baar ,hamne usse ek baar bola tha ki tumhe kahi bhi jayo hum tumhare sath rahge cahe kaishe bhi halat kyun na ho ,per aab ushe kaishe kahe ki tum kya mein tumhare pass aa sakta hun ,duniya ki baateion toh ushe pehle hee kayi baateion keh di hai jo galat hai agar hamne ye baat ushe kehdi toh ham toh hatayre bann jayege uski khusyion ka .khair lautne ka mann bada kar raha hai per cahh kar bhi ja nahi sakte kyunki ish baar ek zindagi do zindagi khrab ho jayegi ek uski ,aur dusri hamare gharvalo ki .

In sab ki yaadeion hame itna pareshaan kar rahi thi ki ham jish sehar mein rehte hamne vhi tay kar liya ki ham zindagi bhar apne ghar nahi lautege aur zindagi bhar ke liye ham sab kuch tyag denge ,per aisha thodi hota hai zindagi mein ki jo ham sochte hai vhi jaye ,kyunki zindagi bhi toh ek paheli hai na .

The Poetry Lines

"*TU KASTI*
HAI TOH MEIN EK
KINARA HAI
TU
AAG
HAI TOH
MEIN USKE
AAGE KI RAKH
HUN
MERE JEEVAN
KI JO
NOOR
GAYAB HAI
TERE NA
HONE SEH
MEIN USKI
CAHAT MEIN HEE
EK
ADHURA
KHWAAB HUN....A
"

9 7 9 8 8 8 8 8 3 2 3 3 2